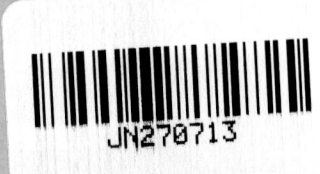

［絵本］小さいことにくよくよするな！

Don't Sweat the Small Stuff......
and it's all small stuff

しょせん、すべては小さなこと

リチャード・カールソン＝著
小沢瑞穂＝訳
大石暁規＝絵

サンマーク出版

この絵本を、絵を描くことが大好きな二人の娘、
ジャズィとケンナに捧げる。
「小さいことにくよくよしない」ことがどんなに大切か、
毎日のように私に思い出させてくれてありがとう。
きみたちを心から愛している。
ありのままのきみたちでいてくれて、ありがとう。

はじめに

何かがうまくいかないとき、私たちはさらに事態を悪くするような行動に出てしまいがちだ。それは「反動」と呼ばれている。反射的に行動すると、小さいことを大きくふくらませてしまい、周りにある神秘や謎《なぞ》に目を向ける代わりに、些細《ささい》なことばかり気にしてくよくよする。つまり、先見の明を失って目先のことばかりにとらわれてしまう。

『[絵本] 小さいことにくよくよするな！』は、客観的なものの見方と、常識と、知恵を取り戻すのに役立つはず。ここに描かれている絵をながめて、ほんの数行、文章を読めば、「生きるのに、そんなにキリキリしなくていいんだ！」という気持ちにさせてくれる。以前はとても大きく思われた悩みや問題が、手におえるように感じられてくるだろう。もっと穏やかに、もっと幸せな気分で生きていく余力が、自分にあることに気づくだろう。

数週間前、妻のクリスと一緒に娘の学校に車で向かっていたとき、とつぜん追突された。幸いケガもなく、車もほとんど無傷だった。追突した車のドライバーは、そのまま大慌てで逃げ去った。

「当て逃げ事故」にあった私たちの選択肢は二つ。運転していた女性を猛スピードで追いかけるか、あるいは、手放すか。

だれもケガをせずにすんだのに、追いかけたりしたら事故を起こしかねないと私たちは思った。この一件はもう手放そう、と。

私もクリスも、加害者の車を追いかけるのをやめようと決めたあと、二度とそのことを振り返らなかった。数年前なら、もっと悩んだり、ムカついたり、くよくよしていたことだろう。

小さいことにくよくよしないこつを身につけると、損得や利害を超えた、以前は想像もつかなかったような穏やかな心境になれる。

みなさんもこの絵本を、私と同じように楽しんでほしいと願っている。小さいことにくよくよしないこつを身につけるにはもってこいだ！

リチャード・カールソン

ザ・シー・ランチ、カリフォルニア

2004年9月

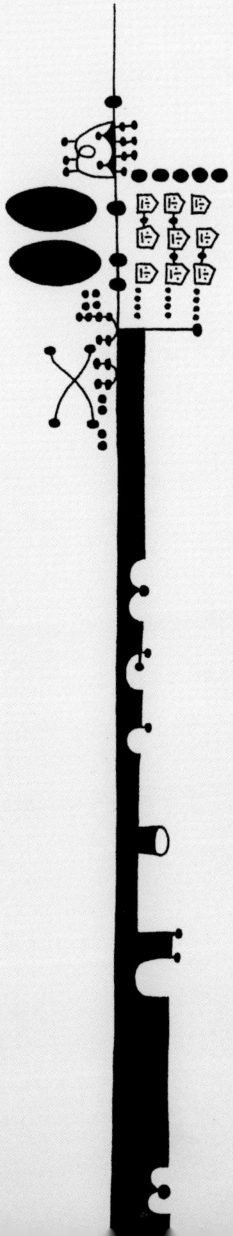

［絵本］ Don't Sweat the Small Stuff......
and it's all small stuff

小さいことに
くよくよするな！

目　次

Chapter 1　いまを生きよう。

Learn to Live in the Present Moment !

Chapter 2　いまいる場所で、幸せになろう。

Be Happy Where You Are!

Chapter 3 人生を愛で満たそう。

Fill Your Life With Love!

本書は原文のニュアンスに沿った翻訳となっています。（編集部）

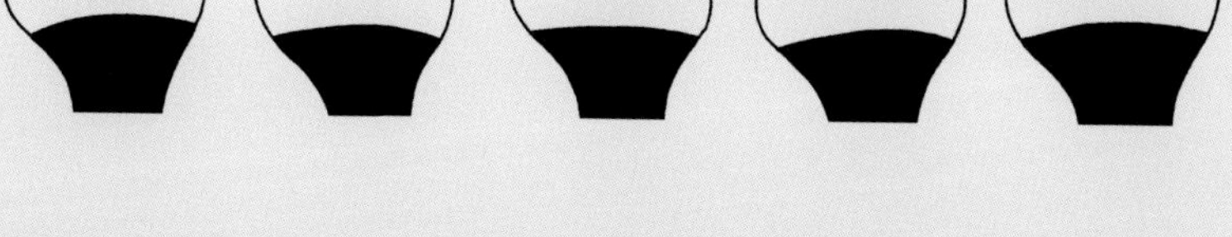

Chapter 1

いまを生きよう。

Learn to Live in the Present Moment!

1 小さいことにくよくよするな!

Don’t Sweat the Small Stuff!

私たちは少し頭を冷やせばなんなく解決することに、

つい大騒ぎしがちだ。

ちょっとした問題や細かい心配ごとに

いちいち過剰反応してしまう。

そんなとき、くよくよしないコツを知っていれば

生き方に大きな差がつく。

人にもっとやさしくなると、

寛容になれるエネルギーが増すことに気づくだろう。

It's all small stuff.

しょせん、すべては小さなこと。

② 完璧な人なんて、つまらない。

Make Peace with Imperfection

完璧《かんぺき》主義を通しつつ平和な人生を送っている人に、

まだお目にかかったことがない。

完璧を求める思いと心の平和を求める思いは、水と油だからだ。

こんなはずじゃない、もっとよくなるはずだと思い込む

いつものパターンに落ち込んだら、

「いまのままの自分でいいんだ」と心の中で言いきかせること。

批判するのをやめれば、すべてはきっと、うまくいく。

You'll begin to discover the perfection in life itself.

きみもきっと、人生はそれ自体で完璧なことに気づくよ。

③ 成功はあせらない人にやってくる。

Let Go of the Idea that Gentle,Relaxed People Can't Be Superachievers

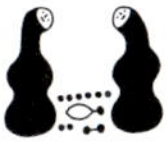

いまのあなたが手にしている成功は、

不安から生まれたものではなく、

不安にもかかわらずつかんだものなのだ。

自分がほしいもの――心の平和――をもっていれば、

自分の欲望や願望や不安に、

とらわれずにすむようになる。

I have had the good fortune to surround myself with
some very relaxed, peaceful, and loving people.

私は幸運にも、とても穏やかで
気楽で愛情ある人たちに囲まれて生きている。

4 頭で悩みごとの雪だるまをつくらない。

Be Aware of the Snowball Effect of Your Thinking

マイナス思考や不安のタネというものは、勝手にふくらんでいく。

「思考の攻撃」には終わりがないし、

悩みや不安で頭がいっぱいのとき、心が穏やかになれるはずもない。

真夜中ふと、「明日やるべきこと」が浮かび、忙しくて死にそうだと思ったら、

「ああ、またやっているよ」と自分に言いきかせ、

つぼみのうちに摘《つ》み取ること。

Have you ever noticed how uptight you feel
when you're caught up in your thinking?

考え込んでいるとき、自分がどんなに
緊張しているか気づいてる?

5 死んでも「やるべきこと」はなくならない。

Remind Yourself that When You Die,
Your "In Basket" Won't Be Empty

すべてをやりとげることにこだわるかぎり、

心の平和は訪れない。

ほとんどのことは、待ってもらえる。

仕事のうえでの本物の「大ピンチ」なんて、めったに起きない。

あなたが死んでも、やりかけの仕事は残ることを忘れずに!

もう一つ言わせてもらえば、それはだれかがやってくれるのだ。

Don't waste any more precious moments
of your life regretting the inevitable.

できないことにくよくよ悩んで、
貴重な時間をむだにするのは、もうやめよう。

⑥ 人の話は最後まで聞こう。

Don't Interrupt Others or
Finish Their Sentences

人の話をさえぎる自分の癖に気がつけば、しめたもの。

慣れすぎてしまったための単純な癖なのだから、必ず直せる。

話をちゃんと聞いてもらったことで、相手はふっと緊張をとく。

相手をさえぎるのをやめれば、こっちも気持ちが楽になる。

動《どう》悸《き》も脈拍もゆったりしたリズムになり、

なにより会話が楽しめるようになる。

It takes a tremendous amount of energy
it takes to try to be in two heads at once.

同時に二つのことを考えるのは、
ものすごくエネルギーがいる。

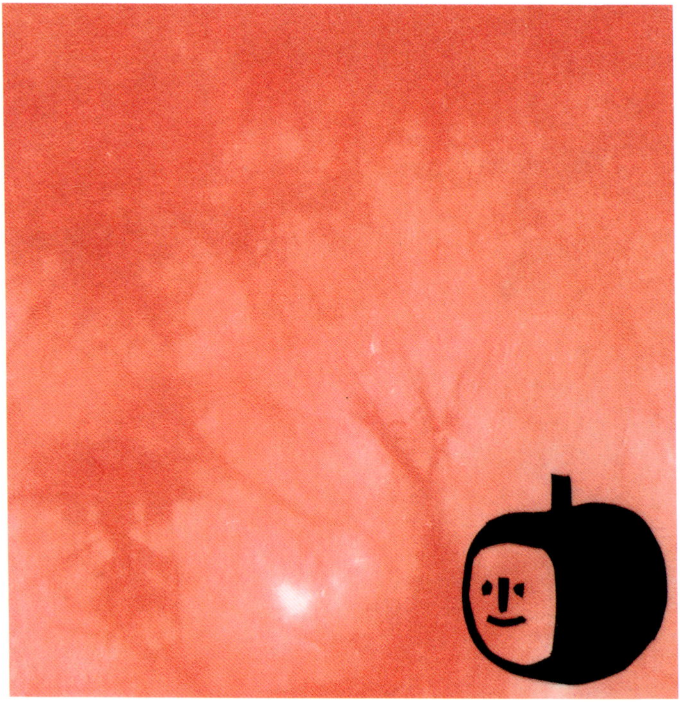

⑦ 人のためになにかする——こっそりと。

Do Something Nice for Someone Else
—and Don't Tell Anyone About It

お返しを求めてなにかをするのでなく、ただ与えることに徹する。

なにか親切なことをして黙っているのは、これとまったく同じ。

こっそり親切にすると、自分自身がほのぼのした気分になる。

それがなによりの「ごほうび」だ。

You always feel good when you give to others!

人になにかをしてあげる
……それだけで気分がいい!

8 相手に花をもたせる。

Let Others Have the Glory

気のもちようで、ふしぎなことが起きる。

「自分が、自分が」という思いをすっぱり捨てて

人に花をもたせるとハッピーになれる!

もちろん、いつも相手をたてるだけでなく、

お互いに経験を分かち合い、花をもたせ合うことも必要だ。

相手から花をもぎとりたいという衝動を抑える

……これも大切。

Our need for excessive attention is that
ego-centered part of us that says, "Look at me. I'm special."

注目されたい思いがこうじると、
つい「私を見て。私は特別」と
心の中で言ってしまう。

⑨ いま、この瞬間を生きる。

Learn to Live in the Present Moment

人生を、来るべき本番の「リハーサル」のように生きている人が多い。

そんなの、ちがう!

私たちには、いましかない。

コントロールできるのは、いましかない。

いま、この瞬間に焦点をあてれば、不安を押しのけることができる。

不安は、将来起こるかもしれないことに、くよくよすることで生まれる。

Irrespective of what may or may not happen tomorrow,
the present moment is where you are—always!

明日起きるかどうかわからないことは関係ない。
あなたが生きているのは
いまこの瞬間なのだ——いつも!

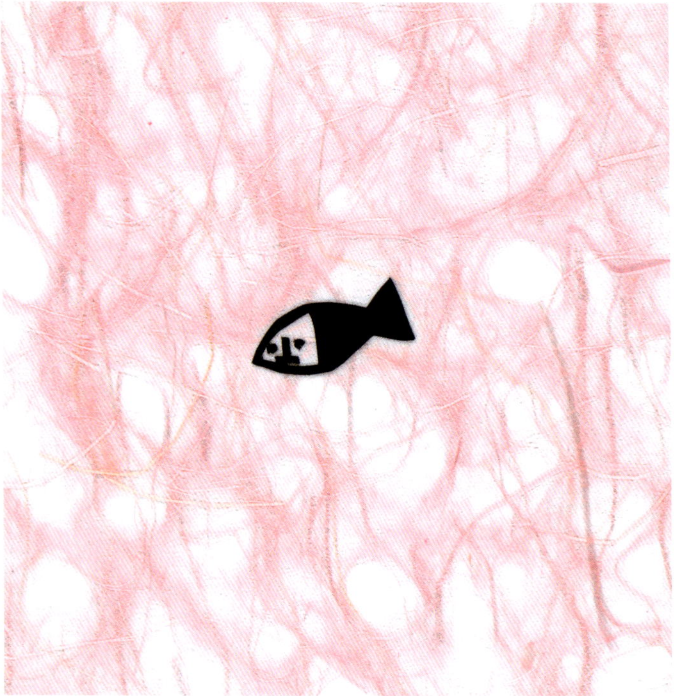

⑩ 自分から先に手を差し出す。

Be the First One to Act Loving or Reach Out

幸せになるには、水に流すこと。

こっちから「ごめんね」と手を差し出すこと。

ほかのだれかに、勝ちをゆずること。

……だからといって、あなたがまちがっているわけではない。

Whenever we hold on to our anger,
we turn "small stuff" into really "big stuff".

怒りをためていると、
「ほんの小さなこと」が「大きなこと」に変わってしまう。

11 一年たてば、すべて過去。

Ask Yourself the Question,
"Will This Matter a Year from Now?"

配偶者、恋人、子ども、上司とのもめごと、自分のミス、

失ったチャンス、なくした財布、仕事の失敗、ねんざ、etc.——。

いま、あなたの頭をいっぱいにしている問題がなんであれ、

一年たてば気にならなくなるはずだ。

人生の「その他モロモロ」の出来事の一つにすぎなくなる。

Simply ask yourself,
"Is this situation really as important as
I'm making it out to be?"

「これはそんなに重要な問題なのか?」
と自分に聞いてみる。

⑫ 人生は不公平、が当たり前。

Surrender to the Fact that
Life Isn't Fair

人生は不公平だという事実を認めると、
自分を気の毒がらずにすむようになる。
いまもっているものを最高にいかそうと、
自分を奮いたたせるようになる。
それは「一生の仕事」なんかじゃなく、
自分にたいするワクワクする挑戦なのだ。

Who said life was going to be fair?
人生が公平だなんて、だれが言ったの?

13 たまにはぼんやりしてもいい。

Allow Yourself to Be Bored

なにもせず、ぼうっとするのが、なぜいいか?

頭をからっぽにして、リラックスすることを教えてくれるからだ。

すると、ほんの短い時間でも自由が手に入る。

「なにも知らない」という自由が。

退屈することを自分に許すと、

スケジュール帳の空白が怖くなくなる。

「毎日たえず、なにかをしなくてはいけない」

という大きなプレッシャーから解放される。

Just like your body, your mind needs
an occasional break from its hectic routine.

体と同じように、
頭もたまには休めなくちゃいけない。

⑭ 週に一度は、心のこもった手紙を書こう。

Once a Week, Write a Heartfelt Letter

週に一度、ほんの少し時間をさいて心のこもった手紙を書くと、

実に豊かなものが与えられる。

ペンをとり、キーボードを打とうとすると、

忘れられないすてきな人たちを、ゆっくり思い浮かべるゆとりが生まれる。

ほんの短い手紙で、自分が人生の宝物に気づくだけではない。

それを受け取った相手にも

「ありがとう」という気持ちが広がる。

Often, this simple action starts a spiral of loving actions.

このシンプルな行為が、愛の輪となって広がることもある。

15 自分の葬式に出るところを想像する。

Imagine Yourself at Your Own Funeral

ちょっぴり不快で怖いことかもしれないが、

自分の死を見つめることは、現在の生き方を見直す

いいきっかけになる。

「自分は、どんな人になりたいのか？」

「自分にとって、大切な優先すべきことはなにか？」

……あなたもきっと、思い出すことができる。

When we look back on our lives,
how many of us are going to be pleased at how uptight we were?

人生を振り返ったとき、「神経をとがらせて生きてよかった！」
と喜ぶ人なんて、どれだけいるだろう？

16 ほんの一瞬だけ、毎日だれかに「ありがとう」。

Spend a Moment Every Day
Thinking of Someone to Thank

毎朝、感謝したい人の顔を、一人思い浮かべてみよう。

次にはきっと、べつの人の顔が浮かんでくる。

そうなれば、しめたもの。

感謝したいことが次々に頭に浮かぶ。

自分の健康、子どもたち、家庭、仕事、自由といったぐあいに。

とても単純な提案に思えるかもしれないが、実に効果的！

Try to remember to start your day
thinking of someone to thank.

感謝したい人を思い浮かべることで、一日を始めよう。

17 毎日、
一人きりの静かな時間をもつ。

Set Aside Quiet Time, Every Day

ほんの十分の瞑想《めいそう》でもいい。自然のなかで過ごすのもいい。

バスルームのドアに鍵《かぎ》をかけて、ゆったりお風呂を楽しむのもいい。

自分だけの静かな時間をもつのは、とても大切だ。

一人きりの時間をもつと、その日一日の騒音や混乱が薄らいでいく。

4:30 in the morning, my favorite time of the day.

朝の四時半、私のいちばん好きな時間だ。

18 むかつく相手を、幼児か百歳の老人だと想像する。

Imagine the People in Your Life as Tiny Infants and as One-Hundred Year-Old Adults

まずイライラさせられ、怒りたくなる人を思い浮かべる。

次に目を閉じて、その人が幼児になったところを想像する。

もう一度目を閉じて、同じ人がヨボヨボになって死にそうなところを想像する。

……とんでもないことをしでかす赤ん坊。

……弱々しいお年寄り。

それでも相手を、憎めるだろうか？

このテクニックを試せば、つねに客観的な視線をもてる。

穏やかで愛情深い人にだってなれる。

Know that each of us will be
one hundred years old, alive or dead.

私たちだっていずれ、
生きていようと死んでいようと百歳になる。

Chapter 2

いまいる場所で、
幸せになろう。

Be Happy

Where You Are!

19 暗い気分に流されない。

Become Aware of Your Moods and Don't Allow Yourself to Be Fooled by the Low Ones

気分は本当に裏切り者だ。

落ち込んでいるときは、「人生は最悪！」と思い込んでしまう。

逆に気分がいいときは、仕事も人間関係もうまくいく気がする。

どちらも、気分にコントロールされているだけ

――これが真実。

いい気分のときはありがたく思い、暗い気分のときは優雅にやりすごそう。

次に落ち込んだときは「これもいまに消える」と自分に言いきかせて待とう。

必ず、それは消えるから。

Life is almost never as bad as it seems
when you're in a low mood.

人生は、落ち込んだときに感じるほど、ひどくない。

20 人生はテスト。ただのテストにすぎない。

Life Is a Test. It Is Only a Test

「なぜ、これが私の人生に起きたのだろうか？」

「これは私の人生にとってどんな意味があるのか？」

「これを乗り越えるためには、なにをどうすればいいのか？」

「これをなんらかのテストとみなすことはできないだろうか？」

こんなふうに自分に問いかけてみよう。

困ったことが起きたとき、やっきになって解決しようとするより、

そこからなにが学べるかを、考えてみよう。

Don't take your life so seriously!

自分の人生を、深刻にとらえすぎちゃダメ!

21 ほめるのもけなすのも同じこと。

Praise and Blame Are All the Same

「この世の全員に認められるなんて、不可能だ！」

同じことをしても、ある人はほめるし、ある人はけなす。

この事実を受け入れる時期が早ければ早いほど、

生きやすくなる。

否定されるという事実と戦わずに、受け入れることができれば、

人生の旅に役だつ視点を身につけることができる。

You'll never be able to please all the people all the time.

万人を同時に喜ばせることなんて、できない。

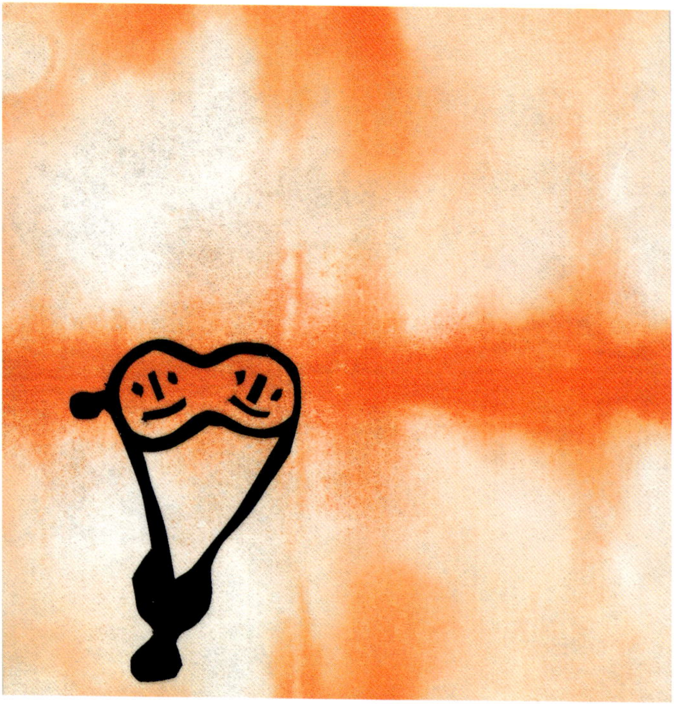

㉒ 思いを伝えるのは今日しかない。

Tell People (Today)
How Much You Love Them

待っていてもだめなのだ。

どんなに愛しているか、言葉にするのはいましかない。

面と向かって言うか、せめて電話で伝えるのが理想的。

「愛してると言いたくて電話したんだよ」と

電話をもらえる人が、どれぐらいいるだろう?

If you had an hour to live and could make only one phone call
—who would you call?

あと一時間しか生きられず、
たった一人にしか電話ができないとしたら、あなたはだれにかけますか?

㉓ 人はそれぞれにちがうことを理解する。

Understand Separate Realities

海外旅行をしたり映画を見たりして、ご存じだろう。

世界にはさまざまな文化がある。

人それぞれのちがいだって、文化のちがいほど千差万別だ。

そのちがいを、がまんするのではなく、

それ以外にはありえないという事実を理解して、敬意をもとう。

We are all very different.

私たちはそれぞれ、ちがうんだ。

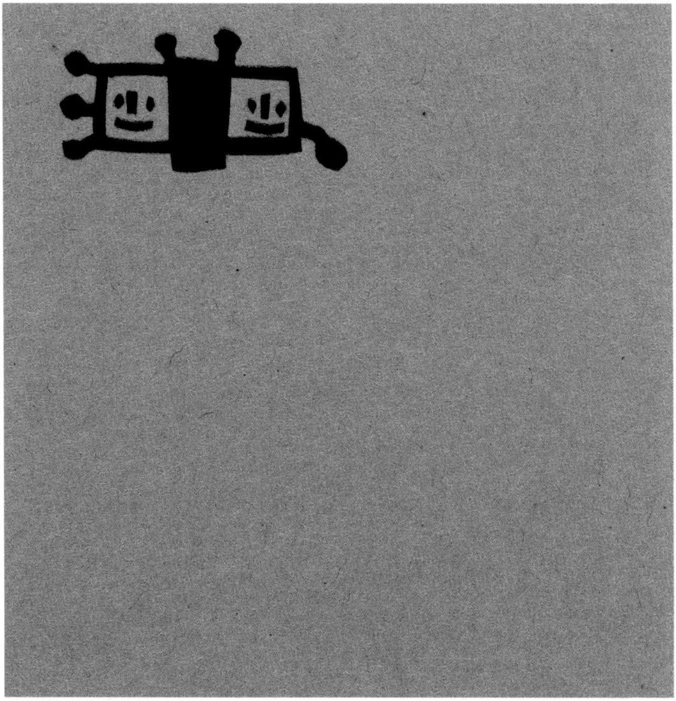

24 毎日少なくとも一人、いいところをほめる。

Every Day, Tell at Least One Person Something You Like, Admire, or Appreciate about Them

人に認められたい、ほめられたいと

願いながら暮らしている人が、どれだけ多いか。

両親、夫や妻、恋人、子どもたち、友人……。

知らない人のほめ言葉でも、心がこもっていればうれしい。

その人についてどう感じているかを、ほめ言葉で伝えれば、

自分もいい気分になれる。

How often do you receive heartfelt compliments from others?

実際、心からほめられたことがどのくらいありますか?

25 「できない」と言うとできなくなる。

Argue for Your Limitations, and They're Yours

多くの人は自分の限界を主張することにエネルギーを費やす。

「そんなこと、私にはとても無理」とか

「しかたがないさ、前からそうなんだから」とか

「すてきな恋人ができたためしがない!」とか。

悪いほうへ悪いほうへと考える癖があるなら、

直すことを学ばなくてはならない。

Arguing for your limitations is just a negative habit.

自分の限界を口にするのは、たんなる悪い癖。

26 人の意見のなかには一粒の真実がある。

Search for the Grain of Truth in Other Opinions

まちがいでなく長所を見つけようとすれば、

どんな意見にもなんらかの長所は見つかる。

こんどだれかが意見を口にしたら、

判断や批判をするかわりに

その意見になんらかの真実がないか、考えてみよう。

If you enjoy learning as well as making other people happy,
you'll love this idea.

自分も人もハッピーにするのが好きなら、
このアイデアが気に入るはず。

27 グラスはすでに壊れたとみなす。

See the Glass as Already Broken (and Everything Else Too)

この仏教の教えは、心の平和をもたらしてくれる。

すべては壊れると思っていれば、

そうなったときも驚いたり失望しないですむ。

なにかが壊れても、ギョッとするかわりに、

それをもっていた時間に、感謝できるようになる。

Everything has a beginning and everything has an end.

すべてには始まりがあり、終わりがある。

㉘ どこに行っても自分と道連れ。

Understand the Statement, "Wherever You Go, There You Are"

もし、べつの場所にいたら――。

休暇中だったら、べつのパートナーだったら、

べつの仕事だったら、べつの家だったら、べつの環境だったら――。

いまより幸せになって満足するだろうと、つい思い込んでしまう。

そうはならないって！

ないものねだりをする癖は、あなたの行く先々についてまわる。

逆に、あまりくよくよしないタチなら、

どこへ行っても落ち込まない。

As you focus more on becoming more peaceful with where you are, rather than focusing on where you would rather be, you begin to find peace.

行きたい場所でなく、いまいる場所に意識を向けると、
穏やかな気分になれる。

29 いま、リラックスする。

Relax

私たちのほとんどは「やるべきこと」がなくなってから

リラックスしようと考えている。

人生の「書類入れ」がカラになることはぜったいにないのに。

リラックスは日ごろの心のもちようでできる。

リラックスしている人たちが成功している事実を思い出してもいい。

リラックスと創造性は仲よしなのだ。

What does it mean to relax?
Very few people have deeply considered what it's really about.

リラックスするってどんな意味?
わかっている人はほとんどいない。

㉚ 一度に一つのことしかしない。

Do One Thing at a Time

一度に一つのことだけに集中すると、

二つのことが起きる。

第一に、皿洗いやクロゼットの整理といった退屈なことも

楽しんでやれる。

なんであれ、気を散らさずに集中できれば、

没頭できて興味がわいてくるのだ。

第二に、能率よくさっさと仕上がることに

びっくりするはずだ。

When you do too many things at once,
you lose out on much of the potential
enjoyment of what you are doing.

一度に多くのことをやろうとすると、
目の前の楽しさに気づかない。

31 ほしいものより もっているものを意識する。

Think of What You Have Instead of What You Want

給料が安いとグチるかわりに、仕事があってよかったと感謝する。

休暇をとってハワイに行きたいと思うかわりに、

家の近くでどれだけ楽しめるか考える。

可能性のリストは無限だ！

「人生がこんなじゃなかったら」というワナに落ち込むたびに、

一歩下がって最初からやり直すのだ。

Take a breath and remember all that
you have to be grateful for.

まず深呼吸して、
いまもっているものをすべて思い出してみる。

㉜ 否定的な考えを素通りさせる。

Practice Ignoring Your Negative Thoughts

人は一日に平均五万もの考えを頭に浮かべると言われている。

前向きで生産的な考えもあるが、

残念ながら多くは否定的な考えだ。

否定的な考えに向き合うには二つの方法しかない。

じっくり分析してのめり込むか？

五万もある考えのうちの一つだと受け流して、

素通りさせるか？

In a more peaceful state of mind,
your wisdom and common sense will tell you what to do.

穏やかな心境になれば、
あなたの知恵と常識で、
どうすればいいかがわかる。

㉝ 身近な人こそ教えてくれる。

Be Willing to Learn from Friends and Family

もっとも身近な人々――両親、夫や妻、子どもたち、友人から、

なにかを学ぼうとしない人が多い。

恥ずかしい?　照れくさい?　不安?

それとも「この相手から学べることは、もうすべて学んだ」とでも

思っているのだろうか?

もっとも身近な人たちは、私たちのことをいちばんよく知っている。

家族や友人の提案に、心を開こう。

All it takes is a little courage and humility,
and the ability to let go of your ego.

ほんの少しの勇気と謙虚さがあれば、
あとは自分のエゴに目をつぶるだけ。

㉞ 幸せは、いまいる場所にある。

Be Happy Where You Are

……私は長いこと、本物の人生はこれから始まると思って過ごしてきた。

だが、いつもなにかに邪魔をされてきた。

先に片づけなければならないこと、

やりかけの仕事、借金の返済。

それが終わったら、本当の人生が始まるのだろう、と。

やがてついに、私は悟った。

こういった邪魔ものこそ、私の人生だったのだ……。

(アルフレッド・D・ソウザの言葉)

There is no way to happiness. Happiness is the way.

幸せになる道などない。幸せこそが道なのだ。

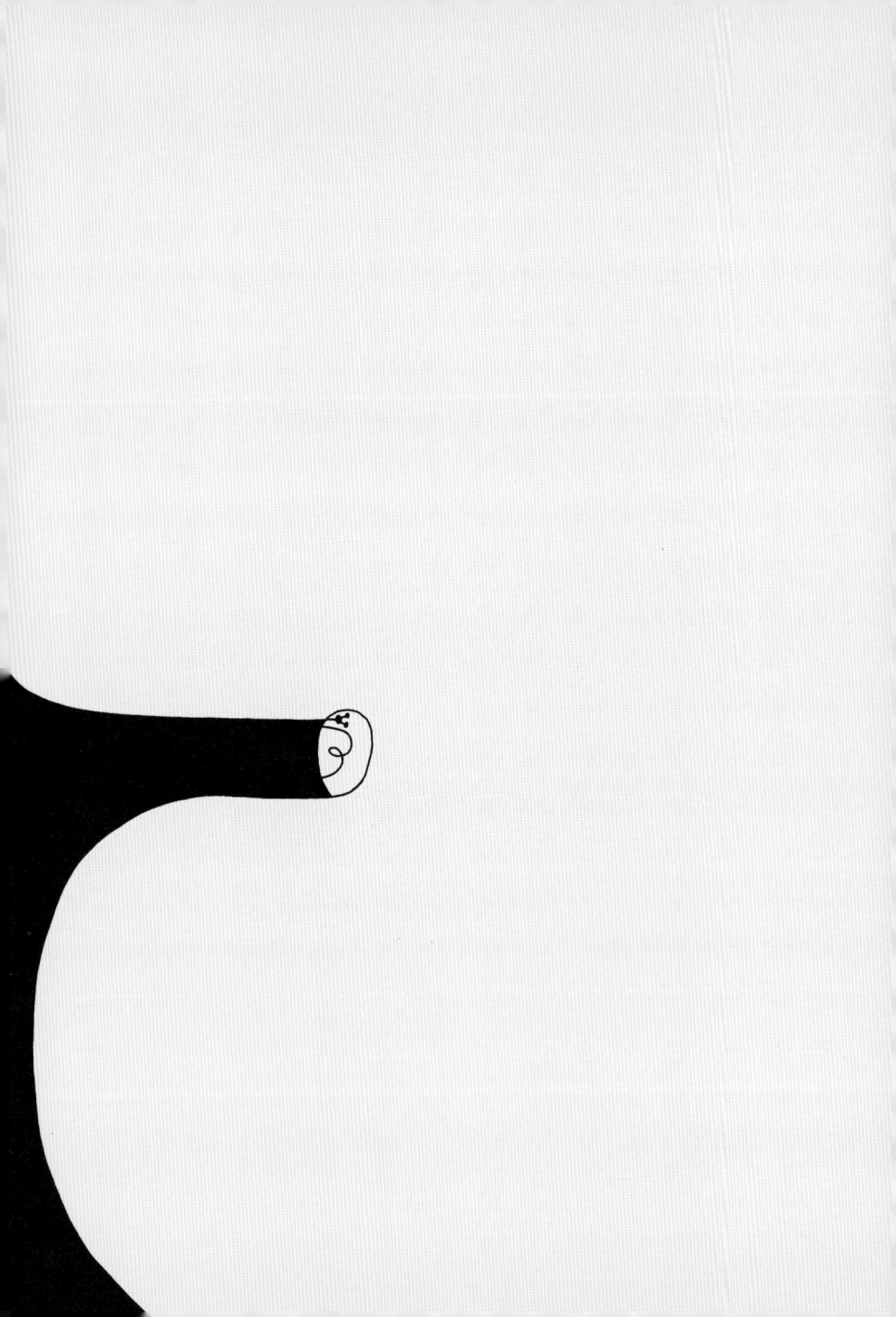

Chapter 3

人生を愛で満たそう。

Fill Your Life With Love!

35 日ごろの心がけが その人をつくる。

Remember that You Become What You Practice Most

自分の癖や習慣に気づくだけで、人生はかなりちがってくる。

いつもなにに注意しているか？

時間の使い方は？

目標に到達しやすい習慣を心がけているか？

理想とする人生と現実の人生は釣り合いがとれているか？

こういった大切なことを自分に問いかければ、

なにを心がければいいかがわかってくる。

You will be frustrated because,
in a sense, you have practiced being frustrated.

欲求不満の人は「欲求不満になる」癖がついている。

36 小さな思いやりを頭の回線に組み入れる。

Make Service an Integral Part of Your Life

このゴミは出す必要がある?

あるなら自分の番じゃなくても出しにいこう。

友人が苦境におちいった?

もしかしたら彼は、話を聞いてもらいたがっているかもしれない。

人のためになにかする最善の方法は、ごく単純だ。

ちょっとした親切や思いやり——

これなら自然に、毎日できる。

When you give, you also receive.

与えることは、与えられること。

37 自分のすべてをありのまま認める。

Acknowledge the Totality of Your Being

自分のすべてをありのままに認めると、

もっと自分にやさしさと共感をもてるようになる。

不安だらけで自信がまるでないとき、

強がって「なんでもないふり」をしなくても、

その事実を認めて、自分にこう言いきかせることができる。

「ビクついてもかまわないんだよ」と。

You can certainly get uptight,
you can also be quite relaxed.

カチカチになることはたしかにある。
でも、リラックスできることもある。

38 気を抜くことも大切だ。

Cut Yourself Some Slack

たまには気を抜こう!　失敗はつきものだ。

くよくよ、欲求不満、ストレスだらけという

以前の癖が顔を出しても慣れること。

慣れれば、なんでもなくなる。

人生はプロセス――失敗しても、そこから始めればいい。

骨休めをしよう。

100%できる人なんて、いやしない。

I'm Not Okay, You're Not Okay, and That's Okay.

私はOKじゃない、あなたもOKじゃない、それでOK。

39 人のせいにするのをやめる。

Stop Blaming Others

なにかが、うまくいかなかったとき……。

私たちはつい、「あいつのせいだ！」と思いがち。

人のせいにすると、自分の幸せ・不幸せが

自分でコントロールできなくなる。

すぐに人の行動に左右され、生きることに無気力になる。

人のせいにするのをやめれば、

自分のパワーを取りもどすことができる。

Only you can make yourself happy.

自分を幸せにできるのは自分だけ。

⑩ 早起き鳥になる。

Become an Early Riser

早起きの習慣をつけると、人生の重大な転機になる。

一人静かに過ごすひとときが楽しめる。

とつぜん本がたくさん読めるようになり、

瞑想《めいそう》ができるようになり、

朝日を観賞できるようになる。

この充実感は、

いくばくかの睡眠不足をおぎなってもお釣りがくる!

An hour or two that is reserved just for you
is an incredible way to improve your life.

自分のためだけの一、二時間は人生を向上させる。

41 親切は小さなことに絞る。

When Trying to Be Helpful,
Focus on Little Things

「私たちはこの世で大きいことはできません。

小さなことを大きな愛をもってするだけです」

マザー・テレサの、この言葉は正しい!

私たちは世界を変えることはできないが、

ちょっぴり暮らしやすくすることはできる。

私たちがいま、しなければならないのは、

小さな親切を「たったいま」実践することだ。

We will help to make our world just a little bit brighter.

この世界を、ちょっぴり明るくできるかも。

(42) 百年後は、すべて新しい人々。

Remember, One Hundred
Years from Now,
All New People

タイヤがパンクした!　鍵《かぎ》をなくして締め出された!

……でも、百年たったらどんな意味がある？

だれかに意地悪をされる、残業だらけの毎日、

家が汚くてまるでブタ小屋だ、パソコンが壊れた、お金がない!!!

……そんなことが百年後にいったい、どんな意味がある?

いまから百年後を視野に入れて考えると、こういったことにたいする

ものの見方が変わってくる。

A hundred years from now
we will all be gone from this planet.

いまから百年後、私たちはこの星にはいない。

43 植物をかわいがる。

Nurture a Plant

「植物をかわいがって、なんの効果があるんだ？」

答えはごくシンプル。無償の愛を学べる。

どんな相手でも、その人を無条件に愛するのは難しい。

「愛してあげるけど、あなたも変わらないとダメ」

いつのまにか、愛情に条件をつけていないだろうか？

植物を毎日ながめよう。

花が咲いても咲かなくても、愛を注ごう。

やがて愛情と思いやりが、植物以外にも向けられるようになる。

Your plant can be a wonderful teacher
—showing you the power of love.

植物はすばらしい教師
——愛のパワーを教えてくれる。

44 人が投げたボールをすべてキャッチすることはない。

If Someone Throws You the Ball,
You Don't Have to Catch It

私たちは、だれかに悩みごとを打ち明けられると、

つい、それを受けとめなければと考えて、応じてしまう。

投げられたボールを、すべてキャッチしなくてもいい。

そうしたいときだけ、すればいい。

友達のことを気にかけない、冷たい人になれというわけじゃない。

自分の限界を知り、自分がかかわることに責任をもつほうが、

お互いがハッピーになれる。

You are taking responsibility for your own peace of mind.

自分の心の平和にたいして責任をもつ。

45 この一幕もまた過ぎていく。

One More Passing Show

いまこの瞬間のあとに、次の「いま」の瞬間がやってくる。

なにか楽しいことをしているときは、幸せな気分を味わいつつも

やがてべつのなにかに取ってかわることを自覚する。

苦痛や不快を味わっているときは、

やがて過ぎ去っていくものだと悟っておく。

このことを心にとめておけば、たいていのことはうまくいく。

Every experience you have ever had is over.

あなたが経験したすべてのことは、終わっている。

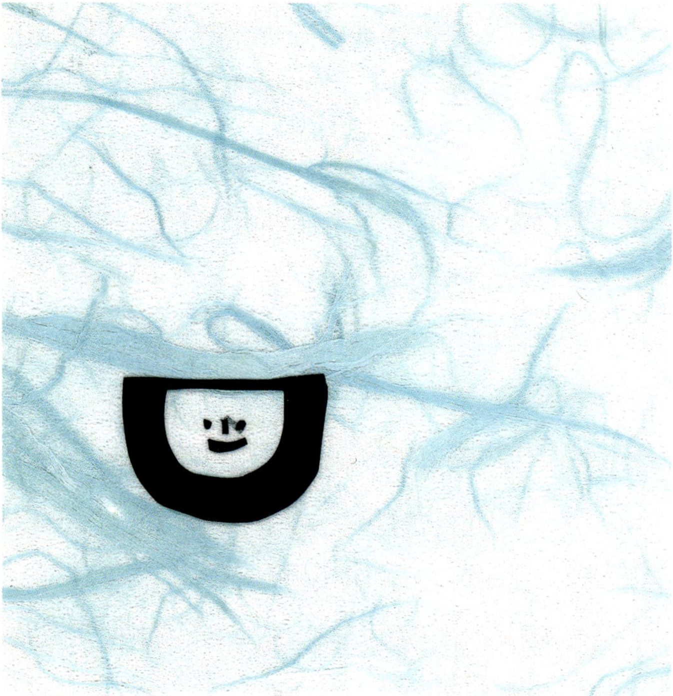

46 人生を愛で満たそう。

Fill Your Life with Love

「自分の人生に愛が足りない」

「この世界には愛が足りない」

こんなふうに感じたら、世界やほかの人たちのことは忘れて、

自分の心の中をのぞいてみる。

自分や他人を慈しむような考え方ができている?

愛するには値しないと思える人にも、その考え方を広げられる?

愛されるのを待つのでなく、自分が愛の源になると、

大きな一歩が踏み出せる。

Love is its own reward.

愛の報酬は、愛。

47 「モア・イズ・ベター」という考え方を捨てる。

Give up on the Idea that "More Is Better"

幸福になるためのすばらしい手段は、

「もっているもの」と「ほしいもの」を分別すること。

もっと多くのモノと幸せを追い求めて、一生を送ることもできる。

もうほしがらないと、心に決めて暮らすこともできる。

幸福は、モノによって与えられるわけではない。

Develop a new appreciation for the
blessings you already enjoy.

すでに与えられているものに、感謝することを学ぼう。

48 「いちばん大切なことはなにか？」

Keep Asking Yourself, "What's Really Important?"

一見、ごく単純。

でも、自分を軌道にのせるには、とても役だつ質問。

「いちばん大切なことはなにか？」

一分間、考えよう。

すると、目の前のことに意識が集中でき、せかせかしなくなり、

自分の正当性だけをひたすら言い張ったりしなくなる。

Are your choices in conflict with
your stated goals?

自分が決めた目標と摩《ま》擦《さつ》を起こすようなことをしていないか？

㊾ 直観を信じる。

Trust Your Intuitive Heart

「なぜあのとき、ああしなかったんだろう?」

と思ったことが、どれだけある?

そうすべきだと直観したのに、

あえてそうしなかったことが何度ある?

自分の直観を信じるということは、

自分の心の奥の声を聞きとって、信じること。

When your intuition gives you messages and you respond with action, you'll often be rewarded with loving experiences.

直観が与えてくれるメッセージを実行すると、
愛情ある行為でむくわれる。

㊿ 今日が人生最後の日だと思って暮らそう。

Live This Day as if It Were Your Last

残りの命があとどのくらいなのか、

私たちはだれも知らない。

だが、悲しいことに私たちは、

永遠に生きられるかのように行動する。

心の奥で本当にしたいと思っていることを、

先送りにしてしまうのだ。

今日の一日を、自分の最後の日であるかのように過ごそう。

それはきっと、人生がどんなに貴重なものか思い出す手だてになる。

Treasure yourself.

どうか自分を、大切に。

Supplement

それでも、「くよくよ」しちゃうなら?

You Still Sweat About It?

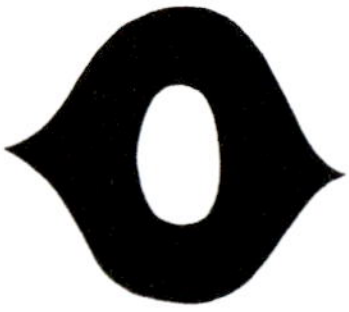

人類学者になってみる。

ほかの人の生き方や行動を、

批判せず、興味をもって見つめよう。

「あんなことするなんて信じられない！」ではなく、

「あの人は、こう考えてるのか。おもしろい」と

心の中で言ってみよう。

話す前に息を吸う。

一秒もかからない！　相手の話が

終わったとたんしゃべりだすのをやめれば、

二人のあいだに、もっとなごやかな空気が流れる。

ちがう視点の記事や本を読もう。

いつも読んでいるものは、すべて自分の意見や

ものの見方を正当化するものばかりでは？

ふだん読まない本を読もう。

新しい考え方に心を開いてみよう。

Supplement

まだまだ、くよくよしちゃうなら??

You Can't Stop Sweatting??

頑固な思い込みを五つ書き出そう。

1

2

3

4

5

……読み返してみたら、

「あれっ?」と感じる思い込みはないだろうか?

えっ、やっぱりくよくよしてる???

Oh, You Sweat About It Yet???

おぼえておいて……
しょせん、すべては小さなこと!

Remember, It's All Small Stuff.

リチャード・カールソン Richard Carlson

心理学博士。作家。ストレス・コンサルタント。
ユーモアにあふれ、率直でわかりやすく、しかも誰にでも実践できそうな「くよくよしない」ヒントを提唱。著作やテレビ出演、講演多数。北カリフォルニアに妻と二人の娘とともに住む。
http://dontsweat.com

小沢瑞穂 Mizuho Ozawa

翻訳家。
小説からセルフ・ヘルプまで、幅広いジャンルを手がける。おもな翻訳書に『小さいことにくよくよするな!』シリーズ（小社）、『作家が過去を失うとき――アイリスとの別れ（1）』（朝日新聞社）、『「心の癖」を変える20の法則』（ソニー・マガジンズ）、『どうすれば愛は長続きするか』（講談社）など多数。

大石暁規 Akinori Oishi

グラフィック・アーティスト。
デジタルとアナログのメディアを巧みに操り、アニメーション、ゲーム、コミック、ドローイング作品など多岐に発表。京都市芸術大学卒業後、IAMAS（国際情報科学芸術アカデミー）修了。フランス国際マルチメディア見本市Milia新人賞受賞をきっかけに、2001年に仏クリエイティブ・スタジオTEAM cHmAnへアーティストとして招かれ渡欧。ヨーロッパ、国内外で国際的に活躍する。2004年春より名古屋造形芸術大学視覚伝達デザイン学科・特任講師に就任。スイス州立ローザンヌ美術大学（ECAL）でも非常勤講師を務める。
http://www.iamas.ac.jp/~aki98

原画背景◎阿波和紙（Awagami Factory）

ブックデザイン◎坂川事務所

Picture Book

Don't Sweat The Small Stuff

Originally Published by Sunmark Publishing Inc., Tokyo Japan

Published by arrangement with Linda Michaels Ltd.,

International Literary Agents N.Y.

through Tuttle-Mori Agency Inc., Tokyo

[絵本]小さいことにくよくよするな!

2004年11月30日　初版発行
2007年4月5日　第17刷発行

著者　リチャード・カールソン
訳者　小沢瑞穂
絵　　大石暁規

発行人　植木宣隆
発行所　株式会社サンマーク出版
東京都新宿区高田馬場2-16-11
電話　03-5272-3166

印刷　共同印刷株式会社
製本　株式会社若林製本工場

ISBN978-4-7631-9612-5 C0098
ホームページ：http://www.sunmark.co.jp
携帯サイト：http://www.sunmark.jp

シリーズ290万部の日本語版シリーズ

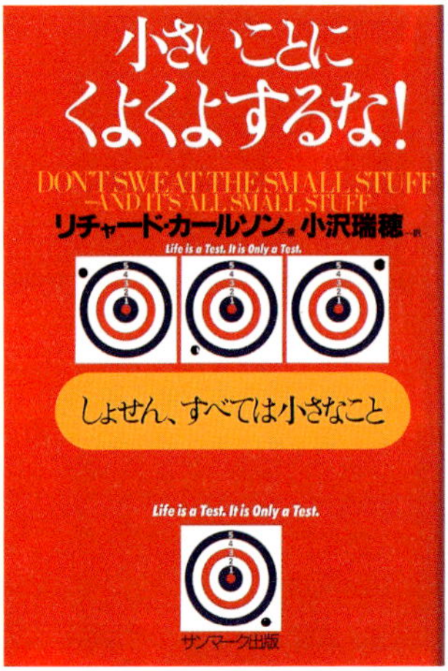

小さいことにくよくよするな!

しょせん、すべては小さなこと

Don't Sweat The Small Stuff.....
and it's all small stuff

リチャード・カールソン　著／小沢瑞穂　訳

世界1500万人が読んだベストセラーの邦訳。
人間ふつうに暮らしていれば、誰でも悩むし、イライラもする!
そんな小さなことにとらわれないための、実践的な100のヒント。
アメリカではリビングに1冊、ベッドに1冊、
トイレに1冊の必需品です。

四六判上製　246ページ／本体価格1500円
文庫判=本体価格600円